UNE CONSTITUTION

UNE CONSTITUTION

> Il faut gouverner par la
> justice : elle fait supporter
> l'autorité et sait supprimer
> la licence sans ôter la liberté.

CONSIDÉRATIONS GÉNÉRALES

La constitution d'un Etat est la loi primordiale qui règle d'une façon générale les droits et les devoirs réciproques du Gouvernement et des Citoyens. OEuvre humaine, elle est nécessairement imparfaite, et, par conséquent réclame des modifications successives, conformes aux temps, et aux mœurs, En cherchant à éviter les abus d'une monarchie toute puissante, on est tombé dans les subtilités du parlementarisme, qui, sous le couvert d'une majorité, recèle aussi une tyrannie d'autant plus odieuse qu'étant collective elle échappe à une responsabilité sérieuse. Le nombre implique la force ; se soumettre à ses décisions revient à admettre que la force prime le droit.

Les articles les plus importants des constitutions modernes ont trait au pouvoir suprême et à la représentation nationale. Variables dans leur forme respective, ces deux parties essentielles du gouvernement, au lieu de s'entendre toujours en vue de l'intérêt général sont souvent antagonistes et cherchent à se saper mutuellement. Il y a là un vice capital à détruire.

D'après le raisonnement et l'expérience, le principe de l'hérédité est celui qui offre le moins d'inconvénients et le plus d'avantages, aussi bien pour l'établissement que pour l'exercice et la transmission du pouvoir suprême.

La représentation nationale devrait être l'expression vraie des aspirations saines et des besoins du pays, considéré dans son ensemble et dans ses circonscriptions territoriales. Avec le système électoral en vigueur, on n'obtient qu'un assemblage incohérent d'idées divergentes, se disputant la prépondérance et entraînant une instabilité constante. Le suffrage universel, mobile comme l'onde, maniable au gré des politiciens, facilement corruptible, ne saurait être accepté comme base fondamentale d'un gouvernement honnête et durable, puisque sa nature même lui permet d'abattre demain ce qu'il a élevé hier. Cette base, dans une société composée de familles, a naturellement pour point d'appui la famille et tous les intérêts, sans lesquels elle ne peut se perpétuer longtemps, notamment l'autorité de son chef et la propriété.

Une assemblée unique est dangereuse, parce que, fatalement un jour, elle se livre aux mains d'un meneur et tourne en convention, la pire forme du despotisme. Avec deux assemblées, on retombe bientôt dans l'inconvénient d'une seule, l'une parvenant à annihiler l'autre après des conflits inévitables.

Rationnellement, il appartient à la nation de décider de ses intérêts majeurs, Guerre, Travaux publics, Impôts, etc., et de contrôler le gouvernement en matière de finances ; toutefois, il ne faut pas que ses représentants puissent jamais, même indirectement le renverser ou l'empêcher de fonctionner.

Dans un Etat bien ordonné, le chef suprême règne et gouverne, c'est-à-dire intervient personnellement pour faire observer les Lois, en s'y conformant le premier. Il lui est interdit d'en créer de nouvelles de sa propre autorité, mais seul il a qualité pour en proposer à la représentation nationale qui les accepte ou les rejette simplement, sans amendements et sans modifications. Par cette double précaution, les droits et les prérogatives tant du pouvoir exécutif que des délégués de la nation ne peuvent être mis en péril.

Les plus grands fléaux d'un pays sont, d'une part, le favoritisme et l'arbitraire chez les dépositaires de l'autorité ; d'autre part, l'ambition chez les hommes qui, d'un bond, veulent arriver aux plus hauts degrés de l'échelle sociale. Pour eux, le parlementarisme est une véritable terre promise. La meilleure constitution sera celle qui s'opposera le plus à ces fléaux. Le problème à résoudre consiste à définir nettement les attributions de chaque fonctionnaire, à ne laisser de liberté de mouvement que vers le bien, à établir une responsabilité individuelle *précise et certaine* contre le mal ; enfin à imposer des conditions absolues pour l'entrée et l'avancement dans les carrières, de façon à enlever tout l'intérêt qu'il pourrait y avoir, n'importe dans quelle position, à corrompre où à se laisser corrompre. Quand aucun rang, grade, honneur, emploi ne dépendra plus de la volonté d'un seul homme, et quand l'élection ne pourra plus servir de tremplin aux ambitieux, le travail, le mérite, l'accomplissement du devoir étant devenus les seuls moyens d'arriver et de monter, on ne sera plus exposé à ces crises fréquentes dont la cause unique est le trivial ôte-toi de là que je m'y mette.

En dehors des bases fondamentales de tout ordre social qui sont la Justice et la Liberté, telles que les conçoit la conscience humaine et qu'il faut poser comme admises en principe, les principaux points à régler par la constitution se rapportent :

1° à la Représentation nationale ;

2° aux Hiérarchies (toutes les carrières étant hiérarchisées comme celle des armes) ;

3° au Conseil d'Etat ;

4° aux Ministres ;

5° au Chef suprême de l'Etat.

REPRÉSENTATION NATIONALE

La représentation nationale consiste en assemblées communales et en assemblées départementales.

L'assemblée communale se compose, suivant la population des cinq, neuf, quinze, vingt-cinq (1) chefs de famille les plus âgés, de nationalité française, domiciliés et résidant réellement dans la commune depuis plus de trois ans, sachant lire et écrire, jouissant de tous leurs droits civils, n'ayant aucune condamnation portée à leur casier judiciaire, et se trouvant dans la première moitié des imposés à la contribution foncière rangés suivant l'ordre décroissant de cette contribution. Il y a deux, trois, quatre, cinq membres supplémentaires, afin de remplacer, lors des convocations, les membres titulaires absents ou empêchés, de façon que les délibérations aient toujours lieu devant une assemblée complète. Les fonctions sont gratuites, et facultatives sous la réserve qu'un refus non sérieusement motivé entraînerait une déconsidération publique. Le maire et l'adjoint, ou les adjoints (2), sont élus pour trois ans par l'assemblée et pris dans son sein.

Aucune allocation, sous quelque forme et de quelque nature que ce soit ne leur est accordée.

(1) Ces quatre nombres correspondent respectivement à des populations égales ou inférieures à 500, 5,000, 10,000 habitants. Toute commune de plus de cent mille âmes serait partagée en plusieurs autres moins peuplées, sinon, une ville telle que Paris ou Lyon, ayant un gros budget et assez d'habitants pour lever une armée, serait en fait, et un jour voudrait être en droit un Etat dans l'Etat.

(2) Les assemblées communales de quinze et de ving-cinq membres ont deux adjoints.

Un secrétaire est élu par l'assemblée, mais n'en fait pas partie et reçoit une rétribution; au besoin, il est secondé par des employés payés.

Le maire ou l'adjoint, qui cesse ses fonctions avant leur terme légal, est remplacé jusqu'à l'expiration des trois années qu'elles devaient durer.

Le maire, au moyen d'une liste établie annuellement et comprenant les habitants remplissant les conditions voulues, pourvoit aux vacances dans l'assemblée dès qu'il s'en produit. A chaque vacance, nonobstant un refus précédent, le mandat est offert au premier inscrit sur la liste.

L'assemblée départementale se compose de dix-sept membres titulaires (1) et de trois membres supplémentaires, tous élus pour trois ans au scrutin de liste, par les assemblées communales du département. Les conditions d'éligibilité sont : d'être âgé de trente ans au moins et de nationalité française, de jouir de tous les droits civils de n'avoir aucune condamnation portée au casier jndicaire et de payer dans le département une contribution foncière de plus de cent francs. Les fontions sont gratuites, sauf une indemnité de vingt francs par jour de présence aux sessions. Nul ne peut être en même temps membre d'une assemblée communale et d'une assemblée départementale ni, faisant

---

(1) Une asemblée délibérante ne doit pas être nombreuse. Plus elle l'est, plus ses discussions sont souvent oiseuses et confuses, il suffit qu'elle ait des membres compétents dans chacune des grandes questions à résoudre, et le nombre *dix-sept* satisfait à cette condition, si on se préoccupe seulement de faire de bons choix. Les candidats désignés par l'opinion publique, même malgré eux, sont les meilleurs. La représentation nationale ne doit servir qu'à l'intérêt général et non pas à créer des positions à beaucoup de simples particuliers.

partie de celle-ci, occuper aucun emploi rétribué par l'Etat, un département ou une commune.

Les assemblées communales et départementales se réunissent, celles-ci au chef-lieu du département, celles-là à la mairie. Elles ont deux sessions annuelles ordinaires, commençant l'une le premier jour non férié de mars, l'autre le premier jour non férié d'octobre, plus des sessions extraordinaires quand besoin en est, mais sur ordre ou autorisation émanant du gouvernement, s'il s'agit d'une assemblée départementale ; du préfet, s'il s'agit d'une assemblée communale. Toute convocation à une session ordinaire ou extraordinaire est faite par le préfet pour une assemblée départementale, par le maire pour une assemblée communale. Elle porte l'indication des affaires à traiter et le nombre maximum de jours fixé pour la session. Ce nombre peut être augmenté par le préfet pour un motif sérieux, dûment justifié.

Les assemblées communales s'occupent exclusivement des affaires et des intérêts de la commune, sans pouvoir introduire de vœux ni de discussions politiques. Le budget, excluant toute dépense qui ne serait pas strictement d'utilité publique pour la commune, est présenté et voté à la session ordinaire d'octobre. Tous les trois ans, au dernier jour de cette session, sont élues les assemblées départementales, dont, toutefois, les membres n'entrent en fonctions qu'à la première session ordinaire de l'année suivante.

Les assemblées départementales, à leur première session ordinaire annuelle, élisent, pour une année, un président, deux vice-présidents et deux secrétaires, tous choisis dans leur sein. Elles s'occupent des affaires et des intérêts du département, puis aussi des lois et

des questions que le gouvernement envoie à leur exa-
men, mais sans pouvoir introduire· de vœux ni de discussions politiques ne se rapportant pas à ces lois ou
questions. Les budgets du département et de l'Etat
sont présentés et votés à la session d'octobre pour
l'année suivante. Toute partie du budget destinée à
assurer un service public reconnu par les lois, n'est
soumise à aucune discussion, et, en cas de vote con-
traire est rétablie d'office. Le budget départemental ne
comporte que des dépenses de stricte utilité publique
pour le département, à l'exclusion de secours, d'en-
couragements, de subventions aux arts, aux sciences,
aux entreprises particulières, etc.....

Aucune séance d'aucune assemblée n'est publique.
Le préfet assiste aux séances des assemblées départementales, avec droit de protestation contre toutes discussions et délibérations étrangères aux objets indiqués
dans la convocation. Chaque séance, où ne sont trai-
tées que des affaires, soit communales, soit départementales donne lieu à un procès-verbal détaillé, signé
par le président et le secrétaire et adressé le plus tôt
possible au préfet. Les lois, les questions soumises
aux assemblées départementales donnent lieu chacune
à un procès-verbal énonçant simplement l'objet exa-
miné et le résultat positif ou négatif du vote, sans
faire même connaître le partage numérique des voix.
Ce procès-verbal signé par le président et le secrétaire est adressé immédiatement au préfet, qui le
transmet avec ses observations au ministre compétent.

Quand les votes de toutes les assemblées départementales sur un sujet commun ont été dépouillés au
ministère qui les a reçus, le *Journal Officiel* publie
l'indication du vote positif ou négatif de chaque dé-

partement. La majorité des *Oui* entraîne l'acceptation et la majorité des *Non* entraîne le rejet. Un projet rejeté ne peut être représenté que modifié. Le préfet assistant aux séances, renseigne le gouvernement sur les motifs du vote négatif d'une assemblée.

HIÉRARCHIES

Les hiérarchies sont au nombre de neuf, savoir :

1° L'armée de terre;

2° L'armée de mer;

3° Les affaires étrangères et le commerce extérieur;

4° La magistrature (assise, debout, Cour des Comptes);

5° L'administration intérieure (police, postes, télégraphes, etc.);

6° Les finances (enregistrement, domaines, douanes, contributions diverses);

7° Les travaux publics (chemins de fer, voies de communication, eaux, canaux);

8° L'agriculture, les forêts, les haras et le commerce intérieur;

9° L'instruction publique.

Les hiérarchies des divers cultes restent constituées telles qu'elles sont, mais sans dépendre de l'Etat. Les affaires qu'elles peuvent avoir à traiter avec lui sont portées devant la hiérarchie compétente.

Le nombre et la détermination des grades, degrés et emplois d'une hiérarchie, comme de chacune de ses branches, sont rigoureusement fixés par la loi, sans introduction possible de grades et de fonctionnaires ou employés, soit hors cadre, soit en congé illimité.

Les chefs de cabinet, secrétaires, etc., attachés à un haut fonctionnaire, doivent appartenir à sa hiérarchie et y occuper un rang compris entre des limites déterminées. Les conditions pour obtenir un grade ou un degré, au concours, à l'ancienneté, au choix, aussi bien qu'une récompense honorifique, sont réglées d'une façon si précise qu'elles ne puissent être ni violées, ni tournées, ni dépendre de l'arbitraire d'un seul homme si haut placé qu'il soit. Des commissions, dûment composées, conformément à des dispositions légales, établissent annuellement, par ordre de mérite, les listes d'admission à chaque grade, degré ou récompense, sans qu'il soit jamais permis, lors des nominations, de ne pas suivre l'ordre de classement. Ces commissions, en cas de services très exceptionnels survenus depuis l'établissement des listes, sont convoquées extraordinairement, par le ministre compétent, pour ajouter, interpoler, avancer des noms, si lesdits services leur paraissent le mériter. Les révocations, les mises à la retraite d'office, en non activité, en réforme, en retrait ou suspension d'emploi, les radiations du tableau d'avancement ne sont prononcées que sur avis conforme d'un conseil d'enquête composé règlementairement, et seulement pour l'un des quatre motifs suivants : incapacité physique ou intectuelle, faute grave, dans le service faute contre l'honneur, inconduite habituelle. La personne objet de l'enquête est toujours entendue par le conseil.

CONSEIL D'ÉTAT

Au dessus de toutes les hiérarchies plane un conseil d'Etat composé d'autant de sections qu'il y a de hiérarchies, à raison de cinq membres par section, choisis exclusivement dans l'un des deux degrés les plus élevés de chaque hiérarchie. Les conseillers d'Etat sont inamovibles et ne penvent être mis à la retraite, quelque soit leur âge, que pour maladie incurable, dûment constatée, les empêchant de remplir leurs fonctions.

Le Conseil d'Etat a un président et autant de vice-présidents que de sections, tous élus à vie par les sections réunies. Le président est remplacé dans la section d'où il a été tiré. Les vice-présidents président leur section respective et le plus ancien d'entre eux remplace le président empêché. Les fonctions de secrétaire, de maître des requêtes, d'auditeur sont remplies par des membres des degrés inférieurs des hiérarchies: ils sont simplement détachés et pour deux ans au plus.

Le Conseil d'Etat examine, avec pouvoir de les faire amender et modifier, les projets de loi, le budget annuel de l'Etat, les demandes de crédit faites au cours d'un exercice et toutes les affaires qui doivent être soumises aux assemblées départementales, son approbation étant nécessaire pour que celles-ci soient saisies. Il peut être consulté par le gouvernement sur les questions graves qui viennent à surgir, mais son avis ne l'oblige pas. Il ne constitue pas, comme par le passé, un tribunal spécial jugeant entre l'Etat ou ses fonctionnaires et les particuliers, la juridiction des tribunaux ordinaires s'étendant à tous les faits criminels, délictueux, contentieux et même pour ces derniers en matière administrative aussi bien que commerciale.

MINISTRES

Le nombre des ministres est rigoureusement limité à neuf, nombre des hiérarchies. A la tête de chacune d'elles, il en est placé un, appartenant exclusivement à l'un des deux degrés supérieurs de cette hiérarchie. Choisi par le chef suprême de l'Etat, ne relevant que de lui, il a pour mission de faire fonctionner, au mieux des intérêts généraux, les rouages de la grande administration qui lui est confiée, en veillant à ce que les lois et règlements qui la régissent soient ponctuellement observés en tout et par tous, sans aucun pouvoir de les modifier si peu et si indirectement que ce soit. Il se tient au courant des diverses affaires de son ressort et inspecte de temps en temps, quelquefois à l'improviste, les détails du service; enfin il étudie constamment, pour les réaliser à propos les progrès et les améliorations désirables, ayant seul à cet égard l'initiative des projets à soumettre au Conseil d'Etat d'abord, aux assemblées départementales ensuite. Sans solidarité avec les autres ministres, il est personnellement responsable des actes signés par lui, ou pour lui et par son ordre, comme de toutes les mesures qu'il prend dans l'étendue de ses attributions, celles-ci étant nettement définies par la Loi. En quittant le ministère, il rentre dans sa hiérarchie, mais avec le rang qu'il y occupait avant d'être ministre.

CHEF SUPRÊME DE L'ÉTAT

Le chef suprême de l'Etat est héréditaire, irresponsable et inviolable dans sa personne.

Il a pour rôle défini :

De choisir à son gré, pourvu qu'ils soient dans les conditions voulues par la Constitution, les conseillers d'Etat et les Ministres ;

De promulguer les lois et les conventions commerciales avec l'étranger votées par les assemblées départementales, ainsi que les règlements d'administration publique élaborés par les ministres et approuvés par le Conseil d'Etat ;

De signer les décrets portant admission ou avancement dans les hiérarchies, nomination aux emplois supérieurs, concession de titre de noblesse et de grades dans les ordres de chevalerie ou autorisation d'en acepter de l'étranger, convocation des assemblées départementales, etc. ;

De déclarer la guerre sous condition, d'avoir préalablement obtenu des assemblées départementales les subsides nécessaires pour la sontenir ; de déclarer l'état de siège, si les circonstances le réclament ; d'ordonner d'urgence toutes les mesures nécessaires pour s'opposer à l'ennemi qui a pris l'initiative des hostilités, avec ou sans déclaration de guerre ;

De conclure ou de ratifier les traités de paix et d'alliance.

A côté de son rôle défini, le chef suprême de l'Etat en a un autre moins précis mais aussi important, savoir :

De se tenir au courant de toutes les grandes affaires

du pays, de ses besoins, de ses intérêts et d'en conférer avec les Ministres pour qu'il y soit donné satisfaction ;

De pousser aux améliorations et au progrès d'ordre matériel et moral ;

De visiter les départements, les villes et les grands établissements ;

D'encourager toutes les tendances au bien et au beau.

D'avoir une tenue de cour digne toujours, brillante à l'occasion et faisant tant au dedans qu'au dehors honneur à la Nation.

Il ne commande pas devant l'ennemi les armées de terre et de mer, mais dans une grande guerre il marche avec le corps le plus important et partage ses dangers.

Il a le droit de grâce et de commutation de peine, mais seulement sur avis conforme de la section de magistrature du Conseil d'Etat.

Tous les actes officiels du chef suprême de l'Etat, quelle que soit leur nature, ont la forme de décret et ne sont valables que s'ils sont signés par lui, revêtus de son sceau et contresignés par le ministre compétent.

Le contre-seing d'un ministre engage sa responsabilité entière et personnelle au lieu et place de celle du chef suprême, laquelle n'existe en aucun cas. La responsabilité d'un ministre consiste à le rendre justiciable des tribunaux ordinaires pour toute transgression à lui imputable, des lois et règlements qu'il est chargé de faire fonctionner, et sur la plainte, soit du ministère public, soit de la partie lésée, suivant le cas.

Imp. PAIRAULT & Cie, 3, Passage Nollet, Paris. — 294.

334